DE

LA DÉMOCRATIE

EN FRANCE

RÉPONSE A M. GUIZOT

SOCIÉTÉ TYPOGRAPHIQUE.

DESOYE, VALERY ET Ce, IMPRIMEURS,

rue de Seine, 32, à Paris.

DE LA

DÉMOCRATIE

EN FRANCE

RÉPONSE A M. GUIZOT

PAR

PIERRE MARGRY

Ainsi du sein de la variété, de l'inimitié, de la guerre est sortie, dans l'Europe moderne, l'unité nationale, devenue aujourd'hui si éclatante, et qui tend à se développer, à s'épurer de jour en jour avec un éclat encore bien supérieur.

(M. GUIZOT, *Histoire de la Civilisation.*)

Pas plus que les individus, les sociétés ne sont affranchies d'efforts et de sacrifices pour les biens dont il leur est donné de jouir.

(M. GUIZOT, *De la Démocratie.*)

PARIS

JULES LAISNÉ, LIBRAIRE-EDITEUR

PASSAGE VÉRO-DODAT

1849

DE LA
DÉMOCRATIE EN FRANCE

RÉPONSE A M. GUIZOT

MONSIEUR,

Quand des esprits supérieurs tels que vous suivent une ligne de conduite, si opposée qu'elle soit au sentiment général, il est hors de doute qu'ils pourront en donner quelques motifs plausibles, et que si les événements, toujours d'une logique sans réplique, leur ont prouvé qu'ils avaient tort sur beaucoup de points, les événements aussi prouveront qu'ils avaient raison sur quelques autres ; — sinon, leur réputation serait entièrement usurpée, ce que nul, je crois, ne saurait dire de la vôtre.

C'est ainsi, Monsieur, que par le livre publié il y a quelques jours sous le titre de *la Démocratie en France*, vous proposez de justifier les motifs de la résistance que vous avez faite, surtout pendant la dernière période de votre ministère, au courant des idées qui ont triomphé. — Tel est en effet le but de ce mémoire. — En vain, pour le déguiser, y dites-vous : « — J'ose croire qu'on ne trouvera rien dans cet écrit, « absolument rien qui porte l'empreinte de ma situation per- « sonnelle. — En présence de si grandes choses, celui qui ne « s'oublierait pas soi-même mériterait d'être à jamais oublié. « — Je n'ai pensé qu'à la situation de mon pays. » Sans vous estimer moins, au contraire peut-être, nous ne pouvons accepter cette illusion que vous semblez vouloir vous faire, parce qu'il ne vous est pas plus possible qu'il ne vous est permis de vous effacer en présence d'un état de choses dont vous avez été l'occasion, dont la responsabilité pèse en partie sur vous. — Nous ne l'acceptons pas non plus, parce que nous voulons entendre de vous quelques paroles qui nous montrent que l'homme politique a été par quelque côté vraiment digne de la mission qu'il avait acceptée, digne de la haute position qu'il occupe chez nous parmi les penseurs ; — parce qu'encore nous voulons apprendre comment un homme d'Etat, en voulant servir les intérêts de la société, peut les compromettre et jeter la chose publique aux bords du précipice. — Nous ne l'acceptons pas enfin, parce que dès les premières pages de ce livre, vous nous montrez que c'est surtout un mémoire justificatif, en nous donnant évidemment les raisons de votre politique pendant onze ans et que, par plusieurs passages, vous tendez à nous faire partager votre désespoir de la situation de notre position.

Malheureusement pour vous, Monsieur, pour nous, en y cherchant tout cela, nous n'y avons guère trouvé que l'aveu involontaire de vos funestes erreurs, si nous y avons aussi retrouvé l'exposition vraie de certains faits que nous connaissions. — Ce n'est pas avoir vu juste que de n'avoir vu qu'une partie de la vérité, de ne l'avoir pas vue toute. — Malheureusement encore nous sommes obligés, après cette lecture des conseils que vous nous y donnez, de vous demander, en les acceptant toutefois, pourquoi pendant que vous étiez au pouvoir, vous n'avez pas eu tout le premier cette prudence, cette sagesse que vous nous souhaitez d'avoir. — Fallait-il donc que vous fussiez renversé par la démocratie, emporté par elle pour que vous fussiez amené à sentir, à reconnaître sa puissance, et que, reconnaissant aussi ses bons côtés, vous pactisassiez avec elle.

Quelques-uns des hommes qui dans leur aveuglement ont contribué à vous perdre vous auront écrit déjà sans doute, Monsieur, pour louer les raisons de votre apologie, raisons fortes pour des esprits qui continuent de déplorer votre chute, mais spécieuses seulement pour des yeux moins partiaux. — Je suis aussi, moi, Monsieur, de vos amis ; non, il est vrai, de ceux qui vous entouraient. Je suis de cette jeune génération qui, se complaisant dans l'étude, s'est toujours passionnée pour ceux dont les œuvres ont honoré le pays et fait avancer la civilisation ; ami inconnu, bien humble, bien obscur, je n'étais point dans vos raouts ; mais je m'entretenais avec vous dans vos livres. — Permettez-moi donc, au milieu des applaudissements de ceux qui ont vécu de vous et se flattent peut-être encore de l'espérance d'en vivre, permettez-moi de vous faire entendre une voix libre. — Je ne veux pas manquer au respect que vous avez le droit d'attendre ; si par hasard même quelque mot amer glisse sous ma plume, faites-moi l'honneur de croire qu'il est involontaire. — Je serais honteux de moi-même si, le sachant, j'ajoutais par l'injure aux douleurs de la situation que vous vous êtes faite. — Je n'ai, en vous adressant cette lettre, qu'un objet, c'est de la rendre publique, comme l'est votre livre, afin qu'on décide si réellement, comme vous paraissez le penser en divers endroits, la société française a été perdue le jour où votre politique a été défaite; afin qu'on voie, dans le cas où notre société devrait mourir ou de meilleurs jours tarder trop longtemps à venir, que la faute en a été à ceux qui tenaient le pouvoir lorsque la France n'était pas encore tombée dans l'anarchie.

Votre livre, Monsieur, que je continuerai, malgré son titre plus général, de nommer un mémoire justificatif, repose principalement sur ces faits: — que la démocratie vous a effrayé à son apparition, que, prévoyant ce qu'elle devait amener, vous avez cru devoir la combattre par tous les moyens possibles, qu'aujourd'hui elle nous a jetés dans le chaos, et que si demain Dieu vous appelait à lui, vous et le roi Louis-Philippe, vous ne quitteriez cette terre, ni l'un ni l'autre, bien tranquilles sur le sort et l'ordre constitutionnel de notre patrie. —

Voilà, vous l'avouerez, Monsieur, une donnée bien pleine d'inquiétudes pour nous. — Grâces à Dieu, elle est au moins discutable; et il est permis de douter de vos paroles pour peu que l'on songe que vous n'avez eu auprès de vous-même, pour échapper aux reproches de votre esprit aujourd'hui mieux éclairé, d'autre ressource que celle d'exagérer les dangers des idées que vous avez voulu combattre, et d'amoindrir en même temps à vos propres regards la valeur des principes fécondateurs que ces idées apportent avec elles.

Et d'abord, Monsieur, vous invoquez pour vous et pour le roi Louis-Philippe le sentiment bien triste qui, à leur dernière heure, accablait Mirabeau, Barnave, Napoléon, Lafayette, morts dans leur lit ou sur l'échafaud, dans la patrie ou dans l'exil, à des jours bien éloignés et bien divers; vous invoquez ce sentiment qui leur fut commun, à savoir, qu'ils ont cru leurs espérances déçues, leurs œuvres détruites. — Ce sentiment, dites-vous, vous le partagez le roi et vous; il vous accable également lui prince, vous son ministre.

Si les hommes que vous citez, Monsieur, ont en effet quelque rapport avec votre situation personnelle, la conclusion que vous tirez de la similitude de vos sentiments a-t-elle rien en effet qui doive en vérité effrayer notre pays? — En acceptant le rapprochement, je n'y vois pour moi, relativement à votre situation, parce que ce fut ainsi dans la leur, que les douleurs d'une transformation heureuse à traverser, car en étudiant l'histoire de ces hommes, les uns distingués, les autres éminents, on a bientôt raison de leur désespoir; on voit qu'ils accusent à tort soit leurs contemporains, soit la Providence, qui a le temps pour elle.

Je laisse de côté Barnave, Lafayette, deux hommes rarement à la hauteur des évènements, lesquels les portèrent, mais qu'ils ne dirigèrent jamais. — Quand on compte avec vous, Monsieur, il ne faut pas descendre, il faut monter. — Or, ne savez-vous pas mieux que moi que si Mirabeau et Napoléon après avoir rempli avec une supériorité extraordinaire et vraiment admirable, dans les affaires de leur pays, leur mission de direction ont perdu le premier son autorité, son crédit, le second son pouvoir (car l'intérêt aveugle et nous peut faire accuser nos meilleurs amis d'hostilité); c'est qu'à leur insu, croyant continuer leur œuvre, ils ne tendaient plus qu'à entraver la marche de la société pour la satisfaction de leur amour-propre, de leurs vues personnelles. — Ils ne comprenaient plus leur mission, ils ne satisfaisaient plus aux besoins de leur époque. — Leur temps était donc passé. — La société les devait rejeter. La société, en effet, ne saurait être l'instrument d'aucun homme. Si grand que l'on soit, on ne la domine jamais qu'à la condition, je ne dirai pas de lui plaire, mais de la servir. — Or, Mirabeau vendu à la cour, le Napoléon despote, selon votre propre expression, servaient-ils les intérêts de la France, comme Mirabeau le tribun, qui brisait cette horrible société dont les cahiers des Etats-Généraux nous montrent les plaies hideuses, — comme Napoléon Bonaparte, sauvant la société des désordres de l'anarchie, de la honte et de l'incapacité du Directoire, sauvant la France des armées de l'étranger.—Non, certes, quoique l'un et l'autre pussent eux aussi apporter des raisons justificatives de leur conduite (1). — Dites-moi, du reste, Monsieur, si après Mirabeau il ne demeurait plus rien à faire; dites-moi si après Napoléon la société française n'avait plus rien à désirer; dites-moi si depuis cette époque elle n'a pas fait d'admirables progrès, dans l'honneur desquels vous avez une brillante part, comme je l'ai proclamé devant vos adversaires, malgré leurs murmures, comme j'aime à le proclamer encore. — Faites-vous à vous-même ces questions; — parvenez, si cela est possible, à vous dépouiller de vos préoccupations, et vous aurez plus de foi dans notre avenir, s'il est vrai qu'en même temps vous serez obligé de vous dire qu'ayant voulu trop faire pour une dynastie, jusqu'à reculer dans le temps du bon plaisir, vous ne faisiez pas assez pour la France, qui voulait avancer et non s'arrêter, et encore moins marcher en arrière, ce que vos nominations de comtes, de ducs, ce que vos demandes d'apanage et autres choses d'un autre temps faisaient assez présager; — faites-vous ces questions, l'esprit dégagé de toute idée personnelle et, contemplez après la suite des évènements, vous aurez du moins cette consolation de voir, ainsi que chacun peut le voir, que malgré les malheurs des temps, qu'à travers toutes les vicissitudes, tout ce qui, dans les œuvres des hommes que vous avez cités avait été salutaire, vivifiant, juste et intelligent avait demeuré, subsisté.—Ainsi également, Monsieur, croyez-

(1) J'ai sanctionné tous les principes, je les ai infusés dans mes lois, dans mes actes. Il n'y en a pas un seul que je n'aie consacré. Malheureusement les circonstances étaient graves. J'ai été obligé de sévir, d'ajourner, je n'ai pu débander l'arc, et la France a été privée des idées libérales que je lui destinais.

(*Paroles de Napoléon aux généraux Bertrand et Montholon.*)

le bien, tout ce qui dans votre œuvre, comme dans celle du prince que vous avez servi, aura été salutaire, juste, vivifiant, demeurera.

Pour le moment, sans doute, nous sommes dans le chaos; mais y sommes-nous autant que vous semblez le croire ? — A Dieu ne plaise ! — Et si telle était notre infortune que ce chaos dût se prolonger, — à qui devrions-nous, après tout, nous en prendre? — A qui est-ce la faute si la multitude ne discerne pas mieux aujourd'hui ce qui est vrai et ce qui est faux, ce qui est honnête et ce qui est pervers, ce qui est possible et ce qui est chimérique, ce qui est salutaire et ce qui est funeste, et si cette ignorance met présentement la sécurité du pays en question? Vous avez, je ne l'oublie pas, contribué pour beaucoup avec MM. Villemain et de Salvandy, contribué à l'établissement et aux progrès de l'instruction primaire. C'est le devoir de nous tous, de la France entière, de se souvenir de votre belle loi de 1833, par laquelle vous dotiez onze mille communes du bénéfice de cette instruction. — C'est le devoir de tous également de se souvenir de cette belle circulaire qui suivit cette loi conçue, préparée et soutenue par vous; mais ce seul moyen, trop restreint encore, suffisait-il pour éclairer les populations? Une telle œuvre ne pouvait être, il est vrai, que l'affaire du temps, une œuvre progressive. — En conséquence, Monsieur, si, accédant aux vœux de la nation, vous aviez, par des modifications opportunes et réclamées de toutes parts, consenti à élargir prudemment la loi électorale, à étendre sur un plus grand nombre les droits de suffrage afin de préparer peu à peu la nation à la vie politique, les idées qui ont brisé votre résistance et se sont élancées brutalement au-dessus de vos barrières avant le temps de leur maturité, seraient arrivées bienfaisantes, calmes, parce qu'elles seraient arrivées réglées et épurées. Si vous aviez préparé la marche de ce fleuve, si vous lui aviez creusé son lit, il n'eût pas amassé ses eaux et son limon, il n'eût pas débordé avec la furie d'un torrent; mais, se répandant avec mesure, il aurait fertilisé les lieux par où il eût passé.—Ce n'est pas là seulement mon avis, Monsieur, ce n'est pas moi qui veux vous faire ce reproche; ce reproche, c'est vous qui vous le ferez à vous-même, car ce sont là les conseils que vous nous donnez pour nous tirer des dangers de la démocratie; or, ils étaient meilleurs encore pour les prévenir. — Quand la tempête ne grondait pas encore, que le fleuve des idées démocratiques s'avançait, et que vous le voyiez, ne vous était-il pas alors plus facile à vous qu'à nous maintenant de lui opposer ces digues, de lui creuser ces canaux dont vous nous donnez aujourd'hui le conseil? —N'avez-vous pas eu alors, Monsieur, un grand tort, un tort immense, puisque votre imprévoyance est l'origine de nos misères?

D'un côté, en effet, vous ne vouliez pas voir qu'il y avait dans les réclamations de la démocratie des droits, des besoins à satisfaire; vous ne vouliez pas voir qu'il y a dans la démocratie des éléments fécondateurs, ce que vous avouez aujourd'hui. — Vous ne sembliez vouloir voir qu'une chose, ses dangers, toujours ses dangers. — Et en méconnaissant les droits et les besoins qui se réclamaient du pouvoir, vous avez résisté de telle manière aux dangers que vous en avez accru les forces terribles, qu'il vous a fallu céder au torrent dévastateur, n'ayant rien fait réellement pour l'arrêter; — loin de là, vous l'appeliez vous-même sur vous, sur nous. — Aussi peut-on dire avec raison, que le premier qui a compromis l'ordre et la liberté, aujourd'hui si exposées, cet homme-là, c'est vous.

La pudeur d'un peuple comme la France, où le sentiment de l'honneur sera toujours vif, je l'espère, veut être respectée. La fin ne justifie pas pour elle les moyens; car nous avons presque tous au cœur cette conviction, qu'on arrive au même but par la ligne droite plus vite que par les chemins de traverse. — Or, par la honte des moyens que vous employiez, non sans doute pour vous dérober à votre tâche, mais pour caresser vos propres idées, les honnêtes gens, qui étaient pour l'ordre, vous ont abandonné, car le désordre était dans l'administration du pays. — Inutilement après vous être fait, par ces moyens, une majorité dans les Chambres, cherchiez-vous à capter sur ce point l'opinion publique par vos écrivains, espèce de condottieri porte-plume. Il devait y avoir scission entre une majorité factice et le pays que vous n'étiez pas assez riche pour séduire ni assez puissant pour contraindre. — Si vous aviez eu un budget capable de le corrompre tout entier, peut-être vous eût-il cru ; mais, au contraire, il s'apercevait que c'était lui qui payait les frais de la guerre que vous lui faisiez. Or, pouvait-il longtemps payer sa honte quand il vous avait manifesté qu'il ne tenait même pas à payer sa gloire ?

J'ai, d'ailleurs, une trop haute opinion de vous, Monsieur, sachant l'austérité de votre vie privée, pour ne point croire que vous n'ayez pas souffert, maintefois, des tripotages qui se faisaient sous vos yeux. Il n'y a pas en effet deux morales : la morale privée et la morale publique. — J'ai une trop haute opinion de vous pour penser que vous n'ayez pas compris aussi que la corruption ne peut enfanter l'ordre, qui est la force d'un corps sain, car la décomposition de la société est la première conséquence de la corruption. — Les faits l'ont assez attesté pendant votre présence au pouvoir. — Tous les scandales qui ont éclaté, soit dans les divers ministères, soit même près de la personne du roi comme dans votre cabinet, tous ceux qu'on a étouffés, vous pouvaient montrer assez que vos moyens, qu'ils appartinssent au roi ou à vous, jetaient le désordre, qui filtrait ainsi partout et allait forcément donner gain de cause aux autres principes que vous craigniez tant.

Véritablement, Monsieur, entre ces principes que vous redoutiez et les passions misérables dont vous cherchiez à vous faire un appui, il valait mieux s'exposer aux hasards d'une révolution. — La société, entre un médecin qui prétendait la sauver en l'empoisonnant, devait préférer se jeter dans les mains des empiriques dont elle n'avait pas essayé les remèdes. — Assurément, ce qui a fait la révolution, ce n'est pas la démocratie, c'est vous; vous qui n'avez fait, selon votre expression, ni votre devoir ni votre métier de gouvernement. Et après cela, qui le croirait, — vous venez, dans votre livre, — nous demander d'où vient le mal. — Mais de vous, monsieur ; de vous.

Le premier devoir d'un gouvernement, dites-vous, c'est celui de résister, non-seulement au mal, mais au principe du mal; non-seulement au désordre, mais aux passions et aux idées qui enfantent le désordre. — Cela est vrai, Monsieur; mais il y a une autre vérité, c'est que la meilleure manière de résister au mal est de faire le bien et de le préparer; — c'est, pour le gouvernement, de prendre l'initiative de tous les perfectionnements que réclame la voix publique. — Je suis encore de votre avis, qu'on ne gouverne pas de bas en haut; mais il faut s'inspirer en haut du conseil des majorités, qu'il est alors bon de ne pas fausser par la corruption ni d'intimider par la menace, — mais de persuader par des raisons. — Or, cette éloquence, combien vous l'aviez admirable quand vous ne l'employiez pas aux affaires du droit de visite, — aux indemnités Pritchard. — Je sais que pour obtenir les résultats que je vous demande, il faut lutter. — Mais l'homme d'État n'a-t-il pas toujours à lutter? C'est là sa grandeur. — Mais n'avez-vous pas lutté vous-même avec un courage que malheureusement vous auriez dû avoir aussi près du roi, et non seulement à la tribune. Dans cette lutte, j'en suis convaincu, si vous l'aviez acceptée, vous auriez triomphé du mal, au lieu, comme vous l'avez fait à vos risques et périls plusieurs fois, de triompher du bien. — Victoire fatale pour tous, puisqu'elle vous encourageait dans ce déplorable système. Que n'aviez-vous toujours devant les yeux ces mots de M. de Humboldt, qui vous eussent sauvé en nous épargnant, à nous, bien des misères. — « La tendance moderne est de chercher la liberté « par les lois, l'ordre par le perfectionnement des institutions. « C'est comme un élément nouveau et salutaire de l'ordre « social, élément qui agit lentement, mais qui rendra moins « fréquentes et plus difficiles le retour des commotions sangui- « naires. » — Si vous vous fussiez laissé guider par l'impulsion des masses, ni vous, ni le roi, ni nous, ne serions où nous en sommes ; au lieu qu'en agissant au contraire vous nous avez amené tout justement ce que vous vouliez éloigner. — La peur du mal vous a donné le mal de votre peur. — Nous bénirions votre prudence, au lieu que le peuple, réduit aux plus tristes extrémités, amasse aujourd'hui sur vous, comme dit La Boëtie, mille outrages, mille vilenies, mille mauldissons. » — A-t-il raison en cela ? — Je ne le crois pas. Il faut faire la part des égarements de l'esprit humain. — Mais ses imprécations et la haine de votre nom indiquent assez qu'il est des positions dans lesquelles il n'est guère permis de tomber dans l'erreur quand l'erreur engage tant d'existences avec elle, — et où, si l'on doute des autres, il faut aussi n'avoir pas l'orgueil de croire en soi seul contre tous ceux dont on joue le sort.

Ici encore, de votre aveu, vous avez commis une bien grave erreur. — Vous craigniez ce chaos dans lequel nous sommes aujourd'hui ; — vous l'avez aperçu dès 1830. — De 1830 à 1848, dans les onze ans de ministère, vous aviez assurément le temps de détourner de nous ce calice. — Pourquoi ne l'avez-vous pas fait ? — C'est, il faut le dire, que vous avez manqué de foi dans les lumières, dans l'honnêteté de votre pays ; vous avez manqué de foi dans la Providence. Je n'ose pas dire que vous manquiez de compassion pour ceux qui souffraient.

Je rappellerai vos propres paroles, afin que vous vous jugiez vous-même. C'est ainsi que vous racontez comment vous prit cette horreur de la démocratie : « J'ai vu, dites-vous, en

« juillet 1830, dans les rues et dans les palais, à la porte des « conseils nationaux et au sein des réunions populaires, cette so- « ciété livrée à elle-même, qui faisait ou regardait faire la Ré- « volution. — Et en même temps que j'admirais tant de senti- « ments généreux, tant d'actes d'intelligence forte, de vertu dé- « vouée et de modération héroïque,—je frissonnais en voyant « s'élever et grossir de minute en minute un vaste flot d'idées « insensées, de passions brutales, de velléités perverses, de fan- « taisies terribles près de se répandre et de tout submerger sur « un sol qu'aucune digue ne défendait plus.—La société venait « de repousser victorieusement la ruine de ses lois et de son hon- « neur, et elle était sur le point de tomber en ruines elle-même « au milieu de sa victoire. »—Je suis obligé de l'avouer.—Vous n'avez que trop raison, car nous aussi nous avons observé tout ce que vous avez observé, nous avons entendu tout ce que vous avez entendu. Mais nous avons également retrouvé les mêmes sentiments généreux, la même intelligence, le même dévouement, comme aussi la modération la plus héroïque, — et c'est pour cela que nous pouvons nous étonner qu'ayant vu cette société livrée à elle-même triompher de tous les mauvais penchants, de toutes les folies qui pouvaient la perdre, vous ayez ainsi pu désespérer du bon sens, de la force morale d'une nation qui sauvait l'ordre au milieu des entraînements de la fièvre. — Pourquoi vous être ainsi effrayé ? — Lorsque le fondeur coule une statue de bronze, — ce feu, qui paraît devoir tout dévorer, sera bientôt, grâce à l'art de l'ouvrier, ce magnifique monument que chacun contemplera. — Pourquoi donc, quand la nation vous commandait par sa conduite de prendre confiance en elle, dans sa moralité, et par cela même dans ses destinées, avez-vous douté quand, grand historien, vous aviez, outre les enseignements de ce que vous aviez vu, les enseignements de l'histoire. Mais vous n'avez rien voulu laisser à la bonté de la Providence, à l'intelligence et à la moralité du pays, pas même le moyen de vous sauver de vous-même.

Et cependant, Monsieur, oui, comme vous je le sais, l'homme, il n'est que trop vrai, — l'homme est imparfait autant qu'ambitieux ; dans sa lutte ardente et constante pour abolir le mal et pour atteindre au bien, à côté de tout bon penchant marche un mauvais penchant qui le serre de près et lui dispute le pas : — le besoin de justice et le besoin de vengeance ; — l'esprit de liberté, l'esprit de licence, l'esprit de tyrannie ; — le désir de s'élever et l'envie d'abaisser ce qui est élevé, l'amour ardent de la vérité et la témérité présomptueuse de l'intelligence ; — oui, l'on peut sonder toute la nature humaine et l'on trouvera partout le même mélange, le même péril. — Mais vous avez pu lire aussi, Monsieur, dans l'histoire, que toujours dans une nation les bons penchants l'ont emporté sur les mauvais, quand les chefs de l'État ont fait dignement pour leur gloire et pour celle de leur nation leur devoir et leur métier ; — et que lorsque ces bons penchants ont cédé aux mauvais, c'est que ces chefs de l'État étaient alors ou d'un caractère trop faible ou incapables ou corrompus. — Ainsi, je vois la même nation grande à l'intérieur, à l'extérieur, avec Sully, avec Richelieu, avec Colbert, avec Louvois, avec Turgot, avec Vergennes, avec le premier consul, je dirai plus, avec Casimir Périer ; vous voyez que je vous fais des concessions. — Je vois la même nation indigne d'elle-même avec les Concini, avec Fouquet, avec Chamillart, avec Dubois, avec l'abbé Fleury, avec Terray, avec Maurepas, avec le Directoire. Je ne veux pas pousser plus loin ; et ne m'opposez pas, Monsieur, comme une impossibilité pour réaliser le bien, les antécédents des mauvais ministres pesant sur les bons. — Ils ne servaient au contraire qu'à montrer ce que peut un bon chef dans une nation telle que la France, où tout ce qui est honorable et grand a de si bruyants échos.

Ah ! quand je vois de tels hommes ambitieux, mais d'une ambition légitime, n'aimant pas le pouvoir pour le pouvoir seul, j'aime l'autorité, je me soumets à monde voir parce qu'elle se soumet aux siens; je ne réclame plus mes droits parce qu'elle les respecte en ne sortant pas des siens, et que si elle cherche à les étendre c'est en étendant les miens. — A ces conditions qui donnent le repos, l'honneur au pays, qui développent continuellement dans un mouvement toujours ascendant les facultés du cœur et de l'esprit humain, oui, j'aime l'autorité, qui alors ne comprime plus la liberté, mais s'en aide. — Et si je pouvais, pour éviter les luttes sans cesse renaissantes, en assurer une telle à jamais à mon pays au prix de mon sang, au prix des plus horribles tourments qu'inventaient les bourreaux romains sur le corps des martyrs de l'Évangile, — oui, je le ferais volontiers, dans la croyance que Dieu me donnerait la force du sacrifice. — Mais en face d'une autorité sans respect du pays, sans respect d'elle-même, par excès d'amour pour elle je n'aurai jamais ni plume ni fusil pour la soutenir. — Vous attaquez, Monsieur, par votre livre, l'idolâtrie de la liberté; mais pourquoi avez-vous fait qu'on renversât en vous l'idolâtrie de l'autorité?

Après tout, Monsieur, la marche de cette démocratie, qui vous effraie tant, est-elle donc si terrible? doit-elle faire perdre tout espoir, modérée comme vous l'avez vue, comme nous la voyons présentement, par toutes les forces conservatrices dont Dieu a armé la société, comme il en a armé tout individu, toute créature? — Le grand historien qui a écrit cette vérité: « Ainsi, du « sein de la variété, de l'inimitié, de la guerre, est sortie dans « l'Europe moderne l'unité nationale devenue aujourd'hui si « éclatante et qui tend à se développer, à s'épurer de jour en « jour avec un éclat encore bien supérieur; » — le grand historien qui a écrit ces paroles est-il bien le même que l'homme d'État qui écrit celles-ci: « Un fait me frappe et m'inquiète beaucoup, c'est l'ardeur que la République a mise à se nommer expressément et officiellement démocratique. » — Quant à moi, je ne saurais m'en effrayer, car j'y vois le développement de cette unité nationale arrivée, à l'époque où vous parliez ainsi, sans doute à de grands résultats, mais incomplète encore dans un pays où les classes laborieuses ne pouvaient elles-mêmes faire entendre leur voix, où le riche, le propriétaire seuls composaient la nation représentée, où une intelligence vraiment morale autant qu'éclairée n'avait pas le poids nécessaire dans la balance pour le gouvernement de la chose publique, si l'on ne mettait à côté d'elle un sac d'écus plus ou moins lourd. Était-ce là un régime vraiment constitutionnel que celui où l'on a pour maxime : Tant on a, tant on vaut. — *Tanti sis, quantum habeas.*

Cependant, Monsieur, aujourd'hui que les classes jusqu'alors écartées, comme si elles avaient été déshéritées par la Révolution de 89, ont fait respecter en elles leur part vous vous hâtez de dire : « Tous les intérêts ont le même « besoin et le même droit, » et revendiquant cette vérité pour les classes moyennes, que représentait la monarchie de 1830, et même pour le parti légitimiste, comme des partis sociaux en même temps que politiques, correspondants aux éléments les plus profonds et les plus vivaces de la société en France, vous ne prenez pas garde que vous avez été vous-même exclusif, que vous avez prétendu annihiler un autre parti qui correspondait par la faute de la monarchie de 1830 à d'autres éléments aussi profonds et aussi vivaces ;—le parti républicain vous l'a prouvé. Il est vrai que vous ne voyiez alors dans la démocratie que l'anarchie. — Plus juste aujourd'hui, plus dans le vrai, vous dites d'elle : « C'est un fleuve à la fois fécond et impur dont les eaux ne sont bienfaisantes que si elles s'apaisent et s'épurent en se répandant. » — J'admets avec vous, Monsieur, les impuretés de la démocratie, parce que vous en avez dû trouver aussi dans la monarchie absolue, et que vous m'avez aidé à voir toutes celles que renferme la monarchie constitutionnelle. — Il est évident que tous les éléments constitutifs de ces divers ordres de choses ont eu besoin de s'épurer pour rendre les services qu'ils ont rendus. Ainsi devait-il en être de la démocratie, dont on ne pouvait sans danger nier pour cela les nécessités fécondes.

Il n'y a donc aucun mal, aucune raison d'effroi, Monsieur, à ce que la République se soit empressée de s'appeler démocratique;—c'était d'abord un droit de conquête : on avait disputé à la démocratie sa place au soleil;—quand elle eut repoussé les envahisseurs, c'était bien le moins, pour empêcher désormais une pareille usurpation, qu'elle prît à haute voix possession de sa chose, qu'elle y plantât son drapeau.

— Puis, si elle s'est appelée démocratique, c'est qu'à une époque les ancêtres de ce peuple qui travaille aujourd'hui de ses mains, de ce même peuple victorieux en février 1848, ayant été accablés, vaincus par des tribus barbares qui se sont emparées des terres et se les sont partagées, ce peuple a été confondu par ses conquérants, qui s'appelaient les nobles, pendant je ne sais combien de siècles avec les arbres et les troupeaux du domaine sous le nom commun du fonds de terre ; *terræ vestitus,* et appelé par les hommes de loi, les bourgeois d'alors, *pecunia viva*, monnaie vivante.

Si la République s'est appelée démocratique, c'est qu'à une époque la bourgeoisie s'est servie de ce même peuple pour abattre l'orgueil des gentilshommes, c'est-à-dire des fils des conquérants qui regardaient comme une grossière injure la prétention du tiers état à la fraternité avec les autres ordres, et prétendaient eux n'être pas de même race lorsque les députés du tiers disaient : — « Qu'ils étaient tous nobles et bour-
« geois d'une mesme maison, que la France les avait nourris
« à la mesme mamelle, dans la grande famille françoise, que
« le clergé avait le droit d'aînesse, que Messieurs de la noblesse
« étaient les puinés et les gens du tiers les cadets, mais que sou-
« vent les cadets avaient relevé les maisons de ruine. » Le peuple

et la bourgeoisie, qui apparemment ne savaient pas encore bien l'histoire, avaient alors tous deux frémi de colère en entendant le baron de Sennecey leur dire : Nous ne sommes pas de mesme race, et vous êtes si bas que vos injures mesmes ne sauraient nous offenser. — Mais quand la bourgeoisie, à l'aide du peuple, eut châtié cet excès d'arrogance, elle voulut faire comme la noblesse en gardant par devers elle tous les avantages d'une victoire qui leur était commune ; — elle ne concédait à son tour de droits au peuple qu'à la condition qu'il parvînt à s'élever au rang de bourgeois, d'homme de classe moyenne selon votre expression, c'est-à-dire qu'il perdît son caractère, qu'il cessât d'être peuple, tout juste comme les gentilshommes acceptaient parmi eux certains bourgeois à la condition de ne pas demeurer bourgeois et de payer par de l'argent, par des turpitudes, ou de conquérir par des services une « savonnette à vilain. »

Voilà, Monsieur, pourquoi la République s'est appelée démocratique ; — les hommes qui l'ont fondée ont voulu qu'on respectât le tablier, la blouse, le marteau, la truelle, le ciseau ; — mais ils ne prétendaient pas par là qu'il n'y eût dans la France que des ouvriers, que l'ouvrier dominât ; — ils savent qu'ils ne pourront vivre honorablement que par le travail, et que si l'égalité tendait à imposer à tous l'habit de gros drap et la robe de laine, ils mourraient bientôt de faim et de honte. Quelques-uns sans doute l'ont voulu, — mais la raison et la justice du plus grand nombre ont compris qu'il ne pouvait y avoir progrès là où on n'observait pas pour les autres classes la justice qu'ils réclamaient pour eux, — et ils se sont approchés avec respect des hommes supérieurs de ces mêmes classes que les autres eussent voulu détruire, sentant bien qu'il y avait plus de dignité pour eux à s'élever jusqu'à ceux-ci, qu'à vouloir abaisser le niveau ; car alors il n'y eût pas eu de raison pour ne pas descendre jusqu'à l'intelligence la plus inférieure, jusqu'au cœur le plus bas. — Le plus grand nombre a compris que l'horizon ne finissait pas où leur œil cessait de porter, car ils croyaient ce que quelques-uns d'entre eux, gens sensés, leur disaient, que parmi les hommes d'une intelligence supérieure, qui avaient résolu bien des problèmes incompréhensibles pour la masse, des vérités plus hautes demeuraient encore cachées.

— En conséquence la démocratie, au moins aussi sage que les pouvoirs ses devanciers, aux premiers jours de victoire, acceptait le passé dans tout ce qu'il avait de légitime, de juste.

Au milieu des barricades de juin élevées par cette petite partie inintelligente ou trop impatiente de la démocratie que vous aviez raison de craindre, je me trouvais, Monsieur, avec un grand nombre d'ouvriers qui, eux aussi, avaient contribué à sauver la société; — là discourait un homme qui semblait vouloir ne faire dater la France que de 89, — exagérant les mérites du peuple, comme si rien avant n'avait été que fait par lui.

— Alors un autre, lui répliquant aussitôt, lui dit que, s'il était sage de ne pas oublier les fautes des hommes et des partis, il était également bon de se souvenir des services qu'ils avaient rendus. — Et il demandait si la France des nobles Duguesclin, des Bayard, des L'Hospital, des Sully, des Turenne, des Condé, des nobles Montaigne, des Montesquieu, des Buffon, des Saint Simon, — la France du comte de Mirabeau et du marquis de Bonaparte; si la France des bourgeois Colbert, Catinat, Rabelais, Corneille, Racine, La Fontaine, Molière, Pascal, Voltaire, Cuvier, n'était pas leur France à eux tout aussi bien que celle des plébéiens Hoche et Marceau. — Il leur demanda s'ils répudieraient toutes les gloires, même celles qui élevaient des rois, tels que Charles V, Henri IV, Louis XIV; — si, malgré les fautes du clergé, ils oublieraient un saint Vincent de Paule, un Fénelon, un Bossuet, un Bourdaloue, un Belzunce. — L'archevêque de Paris venait alors de consommer son glorieux et touchant sacrifice pour l'union des partis, — Et ces hommes à qui celui-ci s'adressait, lui répondirent presque ensemble : — Oui, tous ces noms appartiennent à la France qu'ils honorent. — Plus de partis. — Que chacun fasse son devoir et nous serons grands, nous serons heureux les uns par les autres, les grands par les petits, les petits par les grands. Dans les classes de la société telle que février l'a faite, il n'y a pas d'ennemis, il n'y a pas de vainqueurs, de vaincus, il n'y a cette fois, nous avons bien le droit de le dire, que des citoyens, que des frères. — Ne nous soucions pas des formes, mais des principes. — Soucions-nous seulement des hommes de bien et de talent. — Les meilleures institutions ne valent rien avec des hommes incapables ou improbes. — Les gens de bien capables rendent bonnes les plus mauvaises. — Ainsi parlaient ces hommes en blouse qui avaient dit : Nous offrons trois mois de misère à la République, et la souffrent encore avec résignation.

— Le suffrage universel a reproduit sur toute la France ce sentiment qui s'exprimait ainsi sur un point perdu. — Jetez les yeux, Monsieur, sur cette Assemblée même qui, en fondant la République, l'a ainsi nommée République démocratique, et je doute que vous la trouviez dans tous ses éléments fort démocratique elle-même; mais la nation a cru, en appelant la diversité des hommes qui la composent, faire à la fois un acte de prudence et de justice. Ainsi elle a appelé dans son sein M. de Luynes, descendant d'un favori du roi de 1614, qui emploie si admirablement ses richesses. — Elle appelait plusieurs ministres du roi que vous ayez vous-même servi, parce qu'elle comprenait que leurs lumières pouvaient l'éclairer. — Après avoir appelé MM. Thiers, Vivien, Dupin, elle appelait M. Molé, noble rejeton d'une souche illustre, dans cette Chambre où siégeaient le menuisier Agricol-Perdiguier, le portefaix Astouin, l'horloger Peupin. Avaient-ils cependant des antécédents bien démocratiques? Mais la nation sentait le besoin d'une fusion qui, en assurant son unité, consolidât l'ordre et la liberté, — auxquels demain peut-être la démocratie vous conviera vous-même à concourir. — Plaise à Dieu que cette générosité bien rare après les révolutions soit bien comprise.

— Ainsi la République, en s'appelant démocratique, n'a voulu consacrer qu'un fait, — c'est qu'il fallait au peuple comme aux autres classes de la société sa part dans la représentation nationale, afin qu'on pût satisfaire aux besoins de toutes les classes. — Et ce fait n'est qu'une conséquence de deux grands principes réclamés par vous contre la royauté en 1821. — Ces droits sont la souveraineté du peuple et l'égalité, soutenues par vous dans votre *Traité des moyens d'opposition et de gouvernement dans l'état actuel de la France.* — Peut-être, il est vrai, me direz-vous, peut-être ce qui était juste, ce qui était bon en 1821 avait cessé de l'être en 1848.

— Mais le peuple a-t-il donc démérité pour perdre ainsi ses droits? — Nous l'avons vu à la tâche pendant les six premiers mois de 1848. — Non, Monsieur; si par l'effet triste, mais conséquent de l'ignorance où il est encore, il s'est porté à des excès que le dernier gouvernement eût pu nous faire éviter; si, dans cet état d'ignorance, il s'est laissé égarer par des esprits mauvais qui s'en faisaient un instrument pour leur puissance, la plus grande partie écoutait religieusement ceux qui, voulant le progrès, ne le voulaient qu'à des conditions conservatrices de la société, et elle exposait sa vie pour leur défense. — La politique de Risquons-tout, politique que le hasard flétrissait par la rencontre même de ce nom, pouvait trouver des applaudissements dans certains banquets; mais le manifeste de M. de Lamartine était admiré par toute la France. — Le drapeau rouge, qui n'avait fait que le tour du

Champ-de-Mars dans le sang, était le drapeau de quelques bandes; mais le drapeau tricolore, qui a fait le tour de l'Europe, restait celui de la nation. — Un ministre de l'instruction publique pouvait écrire des paroles blâmables, mais l'Assemblée nationale décrétait pour les arts, pour les lettres et pour les sciences, des sommes énormes.—Ailleurs souhaitait-on le communisme, le chef de l'Etat répondait à son ancien collègue : « Si j'avais une nation de sauvages à civiliser, je lui donnerais le principe de propriété. » Et M. Thiers, développant plus tard ces paroles avec une clarté, une abondance admirables, rendait tous les sentiments de chaque homme de bien. — Enfin dans quelques clubs borgnes si l'on entendait des menaces de mort et de guillotine, la démocratie modérée décrétait ce que vous essayiez sous la Restauration de prouver en partie dans votre ouvrage *sur la peine de mort en matière politique*. — Elle abolissait cette peine défendue par de Maistre, si infatigablement poursuivie par M. de Tracy ; cette peine qui vous fit orphelin ; et elle méritait ainsi et des hommes et du Créateur.

— Vous le reconnaissez vous-même, Monsieur, « la République a fait des efforts pour être autre que ne le craint le sentiment public. Elle a respecté la foi des hommes ; — elle a défendu, à la dernière heure, il est vrai, mais enfin elle a défendu la vie de la société; — elle n'a pas rompu la paix européenne. — Efforts méritoires qui honorent des hommes et attestent l'instinct général du pays. » — Mais pourquoi tout aussitôt, Monsieur, vous désespérer malgré tous ces faits et ajouter : « Efforts impuissants, qui ralentissent, mais qui n'arrêtent point le mouvement de l'Etat sur une pente funeste.
« Les hommes qui voudraient l'arrêter ne prennent pied
« nulle part.— A chaque instant, à chaque pas ils glissent, ils
« descendent, ils sont dans l'ornière révolutionnaire ; — ils se
« débattent pour ne pas s'y enfoncer, mais ils ne savent, ou n'o-

« sent, ou ne peuvent en sortir. » — A vous entendre parler ainsi, je crois entendre Montaigne ayant les ennemis à sa porte, d'autre part les picoreurs, pires ennemis, plaindre le sort de la France. — « En ces maladies populaires, dit-il, on « peult distinguer sur le commencement les sains des malades ; « mais quand elles viennent à durer comme la nostre, tout le « corps s'en sent, et la teste et les talons, — aucune partie n'est « exempte de corruption, car il n'est air qui se hume si goulue- « ment, qui sespande et penetre comme fait la licence. » — Mais non, Monsieur, de même que les bons instincts triomphèrent des mauvais du temps même de Montaigne, — ainsi de notre temps les efforts des hommes modérés ne seront pas impuissants, parce qu'ils voudront se mêler au mouvement et avancer. — Non, l'État ne tombera pas dans le gouffre devant lequel vous l'avez laissé entraîner. — J'en atteste les instincts de la nation, j'en atteste son besoin, son avidité de paix intérieure, de paix entre toutes les classes des citoyens. J'en atteste sa facilité même que vous appelez honteuse, son empressement avec lequel elle a un moment abandonné entre les mains d'un homme honorable, le général Cavaignac, toutes ses libertés pour combler le gouffre de l'anarchie. — Et si, par malheur, elle arrivait à de trop grands excès, l'excès du mal serait le commencement de sa guérison.

En présence de ces instincts que vous n'avez pas toujours assez respectés, n'est-ce pas d'ailleurs une erreur grave que de parler comme si nos actions d'aujourd'hui étaient le dernier terme de nos actes, comme si c'était là le dernier jour de la France et aussi son dernier mot ; comme si la fièvre d'un moment devait être la mort publique.

Si les hommes qui pourraient sauver la société à chaque pas, à chaque instant glissent, descendent, tombent dans l'ornière révolutionnaire, c'est que le torrent que vous eussiez pu ne pas laisser grossir les déborde par votre faute ; mais demain, par leurs efforts, le fleuve rentrera dans son lit ; — et ne pouvons-nous pas espérer qu'ils en seront les maîtres? — C'est encore aussi une grande injustice que de vouloir que les hommes sortis neufs aux affaires pour cette révolution aient la sagesse, la prudence nécessaires, et ne prennent pas quelquefois pour des nécessités de leur raison les mouvements de leur cœur, quand des hommes d'Etat rompus depuis longtemps aux affaires ne savent pas toujours reconnaître une situation ni les exigences de cette situation. — C'est un malheur, sans doute, que vous nous ayez obligés à subir leur inexpérience, mais laissez faire, Monsieur, j'ai connu de vieux conventionnels qui avaient bien changé avec le temps ; — laissez faire, et le torrent comprimé aura, en se retirant, comme le Nil, laissé derrière lui la fertilité. La révolution nouvelle, dont vous nous avez fait un danger, deviendra un bienfait, malgré vos doutes et votre désespoir. — Lorsqu'épuisé de fatigues par la course qu'on a faite dans la vie, par les services qu'on a rendus, on sent le besoin de s'arrêter, pourquoi penser que le but atteint par nous est le dernier terme de ceux qui nous suivent? pourquoi vouloir l'imposer aux générations? — Non, l'humanité doit marcher sans cesse. — Le but des uns devient le point de départ des autres. — Elle a pour devise la devise du conquérant : Rasti, Rusti ! En avant, toujours en avant !

Lorsque vous dites, Monsieur, la France est dans le chaos révolutionnaire, — laissez-moi donc dire : elle se transforme. — Vous dites, elle va mourir ; moi, je vous réponds, elle accroît ses forces, elle marche et j'espère, car à côté de ces éléments de progrès qui se présentent je trouve les éléments conservateurs; car à côté des hommes qui espèrent comme moi, je trouve des hommes qui craignent tout ce que vous craignez.

J'accepte, du reste, vos doutes, vos inquiétudes, vos conseils; car ils serviront, eux aussi, aux desseins de la Providence et à la sûreté de la marche de la civilisation et du progrès. — Il est heureux pour le sort des États qu'il y ait des hommes portés à réfléchir, à hésiter, à temporiser, avant d'agir ; qu'il y ait des gens timides, irrésolus, ne voyant le succès nulle part. — « Ces hommes, dit avec raison Potter en se défendant d'eux, sont à l'humanité ce que la crainte, l'incertitude, la circonspection sont à l'homme ; ils empêchent qu'on n'aille trop vite, qu'on ne fasse toujours sans jamais rien fonder. — Ils sont la prudence du genre humain, qu'ils forcent de bien s'assurer d'un progrès avant de passer à un autre progrès, de mettre une idée au-dessus de toute contradiction et de tout doute avant d'en risquer une nouvelle, et surtout de ne songer à réaliser une idée quelconque que lorsque celle qui précède a été matérialisée pour ainsi dire et consolidée dans l'application. C'est ainsi que les catholiques en combattant la philosophie la rendent chaque jour plus pure et plus forte, et que les hommes du pouvoir préparent, facilitent et nécessitent le règne de la liberté. »

Craignez donc, Monsieur, hésitez, temporisez ; modérez, réglez ainsi le mouvement ; mais de même que je me plais à rechercher, au point de vue de l'histoire et de la postérité, si le retard que vous avez apporté au triomphe des idées qui tendent à s'élancer n'a pas été un intervalle nécessaire à la maturité, à la fécondation des principes jetés à travers l'espace comme les germes de l'avenir, accordez-moi de votre côté que sans les génies aventureux qui viennent remuer la société, l'agiter, la stimuler, — demain la société serait morte dans le marasme, — et dites si le brochet n'est pas nécessaire dans un vivier ; or, pardonnez-moi la trivialité de la comparaison. — L'opposition est le brochet qui met en mouvement les conservateurs satisfaits de l'état de choses.

Pour moi, Monsieur, avec ces éléments modérateurs que vous représentez, que représentent aujourd'hui avec éclat

M. Molé, M. Thiers, M. Odilon Barrot, M. Dufaure, M. Vivien, M. de Montalembert, M. de Tocqueville, l'Académie, et à sa tête MM. Cousin et Mignet, je ne crains pas ces esprits qui entreprennent et, ne doutant de rien, s'élancent dans l'inconnu à la découverte de nouvelles vérités sociales.

Véritables éclaireurs de la civilisation, s'ils succombent dans leurs efforts, leur chute est un avertissement, — leurs erreurs, des écueils de moins contre lesquels la raison humaine s'ira briser. — Il arrive du reste presque toujours qu'en se hasardant avec eux, si l'on n'atteint pas le but qu'ils proposaient, on trouve sur sa route quelque terre qui nous indemnise de nos peines et nous paie bien de notre peu de confiance. — Ainsi, les Européens ont découvert presque tout entier le Nouveau-Monde, par cette recherche fameuse et incessante d'un passage aux Indes et à la Chine. — Combien d'erreurs n'a-t-on pas traversées, combien de problèmes divers n'a-t-il pas fallu résoudre dans cette intention avant de reconnaître la forme de cette petite planète sur laquelle nous vivons ? — Cristophe Colomb ne disait pas : allez à l'ouest, et vous trouverez une nouvelle terre. — Il disait : allez à l'ouest et vous trouverez les Indes. Idée de génie, mais qui, avant de se dégager des erreurs mêmes de celui qui la concevait, devait nécessiter encore trente années d'entreprises, et attendait Maghellan. Le découvreur du nouveau-monde mourut sans savoir ce qu'il avait découvert, avec l'idée qu'il n'avait fait que retrouver le monde asiatique de Marco-Polo. Hasardons-nous donc avec mesure à la suite de ces aventuriers rêveurs qui veulent étendre le champ de la pensée et de la vérité politiques. Et comme Ponce de Léon, celui qui cherchait la fontaine de Jouvence, nous trouverons peut-être, au-delà de l'horizon où s'arrête la routine quelque nouvelle Floride. — Comme l'alchimiste, si nous ne trouvons pas encore la pierre philosophale, nous rencontrerons peut-être quelque vérité de la plus pure science. — Allez, c'est sagesse, c'est prudence aussi que de ne pas peser éternellement sur ce qu'on connaît pour nier l'inconnu.

C'est pourquoi, je le répète, en combattant avec vous, Monsieur, quelques-uns des rêveurs que vous combattez, je suis heureux de les trouver en face de moi, parce que, j'en ai l'intime conviction, la Révolution à laquelle ils ont coopéré nous a fait faire un pas. — Ils nous ont obligé, ils nous obligent d'avoir toujours devant les yeux le problème qui les occupe eux-mêmes. — Et la nouvelle constitution, qui n'a pas la prétention d'être parfaite, puisqu'elle accepte la révision, leur doit bien quelque chose. — Ce sont des fous, dites-vous, Monsieur, des fous renouvelés des Grecs ou de quelques schismatiques chrétiens; mais nous aussi nous avons nos Aristophanes, nos Hogarths pour railler ces réformateurs de leurs écarts et de leurs folies. Mais au milieu de cette ivraie j'aperçois une gerbe que demain le monde cueillera. — J'aperçois le principe d'association acceptant la liberté et la hiérarchie, principe encore à l'état d'embryon fantastique comme le monde de Colomb; mais En avant! crie l'humanité. — En avant! et nous saurons mieux ce qu'est cette terre nouvelle.

— Vous ne pourriez, Monsieur, révoquer entièrement ce que j'avance, car le livre que vous avez publié ne nous révèle malheureusement que trop que l'horizon s'est étendu devant vous, et que c'est sous la pression de la force révolutionnaire que vous faites cet aveu.

Ici vous dites : — « On ne supprimera pas plus la démocratie dans la société que la liberté dans le gouvernement. Ce mouvement immense qui pénètre et fermente partout au sein des nations, qui va provoquant sans cesse toutes les classes, tous les hommes à penser, à désirer, à prétendre, à agir, à se déployer en tous sens, ce mouvement ne sera point étouffé. — C'est un fait qu'il faut accepter, soit qu'il plaise ou qu'il déplaise, qu'il enflamme ou qu'il épouvante. »

Et ailleurs : « On parle beaucoup de la centralisation, de l'unité administrative. Elle a rendu d'immenses services à la France. Nous garderons beaucoup de ses formes, de ses règles, de ses maximes, mais le temps de sa souveraineté est passé. »

Vous êtes loin, en vérité, ici des principes de votre politique de 1847. — D'un côté, vous reconnaissez la démocratie que vous avez combattue ; — de l'autre, vous pensez qu'il faut plus laisser à l'action libre des communes, des départements ; qu'il faut prendre enfin un milieu entre l'excès de centralisation du passé et les excès de liberté. — Mais en 1847 vous en demandait-on autant ? — Ah ! Monsieur, qu'il eût été beau pour vous qui, dans ce voyage si reproché de Gand, alliez, dit-on, demander à Louis XVIII d'ajouter à la Charte plus de garanties qu'il n'en voulait octroyer avec son duc de Blacas, — pour vous qui le 27 juillet 1830 rédigiez la protestation des députés contre les ordonnances du prince de Polignac, qui dans le projet de la Charte nouvelle tentiez quelques nouveaux progrès comme d'abaisser à vingt-cinq ans l'âge requis pour la députation, — qu'il eût été beau pour vous, pendant que vous étiez au pouvoir, de venir dire à la Chambre, où vous dominiez, ces mêmes paroles, et, ajoutant ainsi aux services que vous aviez déjà rendus à la liberté, d'ouvrir par là une voie nouvelle au progrès et une nouvelle ère au pouvoir que vous eussiez par cela même affermi ? Alors vraiment vous eussiez été bien venu à châtier nos erreurs, la confusion dans nos principes du vrai et du faux, du bien et du mal. — Nous eussions reconnu en vous cette tempérance ferme qui écarte toutes les fantaisies, mais admet toutes les nécessités, respecte tous les droits, ménage tous les intérêts et réprime toutes les usurpations, celles d'en bas comme celles d'en haut, celles du fanatisme comme celles de l'égoïsme. — Et nous nous en fussions d'autant plus empressés à vaincre les principes qui tendaient à se faire jour, dans ce qu'ils avaient d'absurde et de pervers, que vous cherchiez à faire sa place et sa part à cet immense et redoutable développement de l'humanité tout entière qui s'accomplit de nos jours.

Mais si la crainte de notre faiblesse, de l'immoralité ou d'une ignorance forcée par l'état des choses a fait, de ce développement naturel, un déchaînement inévitable par les entraves qu'on a tenté d'y mettre, je ne crois pas me flatter ici d'une illusion chimérique en avançant que, guidés par une main ferme, sûre, habile, exercée, la nation qui vous désespère aujourd'hui vous eût tout au contraire donné lieu de beaucoup espérer d'elle après quelques moments laborieux dont le succès du reste nous eût bien payés, moments inévitables, si nous nous en rapportons à vous : « pas plus que les individus, les « sociétés ne sont affranchies d'efforts et de sacrifices pour les « biens dont il leur est donné de jouir » ce sont vos propres paroles. — Or, je fonde, Monsieur, mon opinion, cette opinion qui continue de vous accuser toujours d'avoir trop mal présumé de la nation ; — je la fonde sur les actes mêmes de la République livrée à elle seule, n'ayant plus, pour la maintenir et la diriger, votre haute sagesse ni la toute-prudence du roi Louis-Philippe, surnommé par les siens le Napoléon de la paix.

Je prendrai, Monsieur, la liberté de vous en citer quelques-uns qui ont quelque rapport avec les conseils que vous avez la bonté de nous donner, conseils qui vous semblent assurément d'autant meilleurs que vous avez négligé de les suivre. — Mais confessez qu'ils nous arrivent un peu tard, et que si cette société française dont vous désespérez vous eût attendu pour ne pas succomber sous ses excès, il n'y eût plus eu à désespérer d'elle, mais à la pleurer.

Heureusement, déjà une partie de vos bons conseils étaient réalisés ; d'autres, repoussés, ne se tiennent pas pour battus, et l'avenir donnant peut-être trop raison aux conditions d'équilibre inutilement réclamées, l'Assemblée finira vraisemblablement par leur accorder son suffrage. De telle sorte que vous semblez faire ici, non plus votre apologie, mais celle du pays dont le sort vous alarmait, vous alarme encore, mais celle des hommes qui ont eu de légitimes raisons de s'opposer à votre momification de la société française, et n'avançant ainsi aucune doctrine, mais ne faisant qu'enregistrer par le fait les idées des révolutionnaires, je ne vous cache pas, Monsieur, que vous réussissez mieux à cette apologie involontaire qu'à celle que vous avez tentée pour votre propre compte, car il apparaît que si la République démocratique n'a pu réaliser du premier coup tous ses désirs de perfectionnement, — elle a au moins tenté avec le concours de ces hommes de résoudre les difficultés que vous n'osiez aborder, tout en sauvegardant les principes conservateurs.

La société française périra infailliblement si l'on n'oppose, dites-vous, aux excès des idées démocratiques des digues et des canaux et aussi quelques contrepoids.

Vous redoutez, par exemple, comme une idée révolutionnaire et despotique par excellence, cette idée qu'il ne peut exister au nom et à la tête du peuple qu'un seul pouvoir; mais qui n'a chez nous le souvenir de cette lutte parlementaire où M. Odilon Barrot parla avec tant d'éclat? — Qui ne se souvient que M. Victor Hugo, ne pardonnant pas à l'Assemblée de l'avoir applaudi et de n'avoir pas suivi son avis, refusa son vote à la Constitution qui n'avait voulu qu'une chambre? — Or, M. Odilon Barrot, M. Victor Hugo, furent-ils seuls de leurs avis?

Que si nous examinons maintenant vos digues et vos canaux, mot bien vague, dont l'explication aurait eu besoin de quelques détails de votre part qui en précisassent la valeur, il en est de même, et bien plus, il se trouve en cette occasion que les démocrates risquent sur ce point de se montrer plus habiles ingénieurs que ceux de la couronne.

Les digues, dites-vous, à opposer aux excès de la démocratie, sont l'esprit de famille, l'esprit religieux, l'esprit politique. — Trois digues, comme on voit, qu'on n'a qu'à decréter pour les voir apparaître et fonctionner. — Article 1er. Tous les citoyens devront être religieux. — Article 2. Tous les citoyens auront l'esprit politique. — Article 3. Tous auront l'esprit de famille. Et chacun d'avoir aussitôt esprit religieux, esprit politique, esprit de famille. Je suis étonné, Monsieur, que vous ne parliez pas aussi d'un quatrième genre de digues moins vague que ces trois premières espèces. — Je veux dire les fortifications. — « Si fait-il bon, disiez vous jadis, comme Panurge, « d'avoir quelque visage de pierre quand on est envahi de ses « ennemis, ne fût-ce que pour demander : Qui est là-bas? » Vous avez pensé, sans doute, depuis, que mieux vaut un bon gouvernement que de bonnes murailles. — C'est, selon moi, bien avisé, Monsieur, quoique tard. — Nous nous en tiendrons donc seulement aux trois digues indiquées par vous. Certes, Monsieur, elles manifestent parfaitement votre esprit conservateur ; mais ce qu'il y a sans contredit de plus remarquable à les avoir proposées, c'est qu'on voit bien là l'écrivain qui a longtemps approfondi l'histoire, et sait en tirer les plus utiles enseignements pour l'équilibre des sociétés, enseignements cachés, interdits à la foule.

En effet, Monsieur, il paraît, pour ce qui regarde la religion, que vous eussiez été le premier à imaginer cette digue, si beaucoup d'autres avant vous ne l'avaient déjà trouvée fort nécessaire. — Sous votre administration même, MM. de Montalembert, Beugnot et de Falloux étaient au moins autant les représentants des besoins de l'esprit religieux que les adversaires du monopole universitaire. Moi-même, j'étais assez de leur avis, pourvu que la digue ne fût laissée aux soins ni de saint Loyola ni de saint Loriquet, gens d'une tolérance et de lumières douteuses. Mais il est vraisemblable que, si vous ne vous mettiez point encore en avant, c'était sans doute que vous vous concertiez avec les ingénieurs de la couronne, brevetés pour cette spécialité. Or, Monsieur, s'ils vous ont donné leurs plans, que ne nous communiquez-vous leurs projets, et que ne les exécutiez-vous pas? Peut-être encore me direz-vous qu'ils n'ont pu achever leur projet dans les huit dernières années de votre puissance. Alors ne serait-il pas convenable à vous de tenir compte à la République des efforts qu'elle a déjà faits afin d'arriver au but que vous nous invitez à atteindre, mais dont vous êtes toujours demeuré loin?

— La République, Monsieur, s'est préparée dès ses premiers jours à cette entreprise, en rattachant de nouveau, sans toutefois les confondre, le ministère des cultes à celui de l'instruction publique, dont il n'eût dû jamais être séparé, car dans cet isolement l'un de l'autre qui les menait à l'hostilité, comment pouvait-il y avoir jamais esprit religieux dans une nation où on n'en inculque pas le principe par l'éducation de l'enfance? — Or, dans l'état des choses que la monarchie de 1830 nous a fait, je le sais, il est vrai, par une réaction légitime, mais maladroite, qui n'a su garder aucune mesure, si l'instruction universitaire bourrait les jeunes gens de philosophie indigeste, elle nous sevrait entièrement de religion. — Nous pouvons, nous, gens de trente ans, grâce à cette instruction si excellente qu'elle prétend bien garder son monopole, nous pouvons parfaitement causer du moi et du non moi, graves choses; mais ne nous demandez pas qu'est-ce que Dieu? — car chacun a sa manière de l'expliquer, et l'explication risquera beaucoup de ne pas vous conduire à l'église. — Ne nous demandez pas qu'est-ce que le Christianisme? — Ne nous demandez pas son histoire. — Ce n'est pas pour les jeunes esprits que Bossuet, que Nicole, que Fénelon, que Pascal ont écrit sur la religion. — Ce n'est que pour les gens du métier.

En vérité, s'il était bon de donner une place aux philosophes et à la raison dans nos colléges, il n'en fallait pas exclure l'Eglise et la foi. Je ne dis pas les laisser dominer, car si l'excès de la philosophie mène au doute, à la négation, l'excès de la religion amène la superstition et le fanatisme. — Un ministre d'une intelligence distinguée, plein de bonnes intentions, pour concilier les deux intérêts, cherche aujourd'hui même à les unir. — Il fera sans doute attention que tout excès d'un côté ou d'un autre, dans l'ordre social et politique, recèle en soi, comme tout ce qui est injuste, un principe de destruction contre ceux-là mêmes qui croyaient avoir ajouté à leur puissance, et n'ont fait au contraire par là que la miner. — En attendant, la République démocratique, je ne sais pourquoi elle fait tout pour contrarier vos terreurs, est beaucoup mieux avec l'Eglise que vous ne l'avez jamais été. Des processions du clergé ont eu lieu dans notre grande ville de Paris, entourées du respect public. Aucun arbre de la liberté n'a été planté sans prêtre, et, après la belle mort de l'archevêque Affre, mort vraiment digne d'un pasteur chrétien, le peuple a plus que jamais, en plusieurs occasions, montré, par son attitude, par sa conduite, cette année, qu'il était tout porté à recevoir la semence religieuse, si l'Eglise veut être tolérante, éclairée; si elle s'attache moins aux formules, aux cérémonies qui embarrassent et gênent la prière; si elle s'attache moins aux arguties, aux subtilités théologiques, et plus aux grandeurs vivifiantes des vérités de l'Evangile, prêchant à la fois par la parole et par l'exemple; si elle veut se souvenir que les excès et le despotisme de l'Eglise, comblés par un Borgia, nécessitèrent Luther et Calvin, comme les abus de la monarchie laïque, comblés par les désordres de Louis XV, nécessitèrent Mirabeau et Robespierre, ce Luther et ce Calvin du protestantisme civil.

— Ainsi, Monsieur, l'union de l'Eglise et de l'Université, ces deux rivales, sous une seule et même main, peut enfanter de beaux résultats, ceux que vous souhaitez de voir, auxquels s'ajouteront naturellement les bienfaits de la liberté de l'enseignement, contenue dans certaines limites, et surveillée par l'Etat ; et toujours, je ne sais pourquoi, j'augure bien de cette liberté, quoiqu'elle soit réclamée par les ennemis de la liberté ; mais il me semble que là encore la liberté réglée doit, comme partout, en tout, produire l'émulation, la concurrence, et avec elles amener les progrès des lumières, de la raison et de la moralité publiques.

— Par exemple, Monsieur, je lisais il y a deux ans le prospectus d'une institution tenue par des prêtres en Suisse, dont l'exécution eût grandement servi vos desseins dans ce qu'ils ont de louable ; et en vérité, si elle les eût peut-être exagérés comme digue religieuse, elle eût été du moins d'un avantage certain au point de vue de la seconde que vous appelez la digue de l'esprit politique.

Cet institut, entre autres objets d'enseignement, parmi lesquels était aussi, je crois, le maniement des armes, enseignait le droit civil à ses élèves dans l'année du cours de philosophie.

Or ce serait là, je crois, une modification heureuse à introduire dans nos colléges, qui, si elle réussissait, serait déjà le fruit de la liberté de l'enseignement où chacun apporte son idée et en fait profiter la masse.

Cette modification me semblerait, Monsieur, d'autant plus convenable que j'admets avec vous que l'esprit politique qui consiste à vouloir et à savoir prendre sa part et jouer son rôle dans les affaires de la société, sans emploi de la violence, repose principalement sur la connaissance du droit, base unique de la stabilité sociale.

Or s'il faut admettre également que la loi est la source habituelle du droit, si l'esprit politique est si important à la sécurité et au développement progressif sans secousse de la société, — n'apercevez-vous donc ce fait que d'aujourd'hui? ou si vous le voyiez lorsque vous étiez président du Conseil, pourquoi dans notre éducation universitaire, qui nous mène jusqu'à vingt ans, l'âge où nous entrons dans la vie civile, ne recevons-nous encore aujourd'hui aucune teinture de droit civil, dont la connaissance nous y sera si nécessaire? — On dira qu'il s'en fait un cours spécial, qu'il y en a une école; à la rigueur on aurait la bonté de nous en donner l'adresse. — Mais l'on sait bien que le plus grand nombre de ceux qui sortent du collége et des pensions, des institutions qui ne vont pas aux colléges, n'en apprennent rien, s'ils ne se préparent les uns à devenir avocats, avoués, notaires, ou aux offices de la magistrature. — Cependant beaucoup d'entre eux étaient appelés à devenir électeurs, voire éligibles; quelques-uns étaient élus, mais n'en savaient pas davantage. — Ainsi j'ai je ne sais combien d'amis vivant et devant mourir tout comme moi, sachant fort mal le latin, le grec, la physique, la chimie, l'histoire politique, l'histoire naturelle, distinguant fort mal le moi et le non moi, bacheliers ridicules, — mais en compensation sachant à peine deux mots de leur code, de même qu'ils seraient fort embarrassés s'ils avaient à discuter contre les sectateurs du mosaïsme et du mahométisme les vérités plus hautes de la religion chrétienne. — Après cela, après tous ces aveux d'un état de choses resté mauvais pendant et après son administration, un ancien grand-maître de l'université, s'il expose réellement les besoins de l'époque, ne se condamne-t-il pas à venir accuser la nation qu'il a régie, de ne pas connaître ce qui est juste et ce qui est injuste, à venir également nous supplier, dans l'intérêt de la paix sociale, d'être plus religieux qu'il ne nous a appris à l'être pendant que c'était son devoir et son métier?

Mais, Monsieur, l'esprit politique ne consiste pas seulement à savoir ce qui est juste et ce qui est injuste, ce qu'il faut que le peuple apprenne aussi bien dans ses écoles que le bourgeois dans ses colléges. L'étude de la mécanique sociale, l'étude de certaines lois par lesquelles les Etats naissent, s'élèvent, se développent et meurent, — l'étude de l'histoire de ces faits, — l'étude des moyens employés par les empires pour arriver et se maintenir à leur apogée, toutes ces connaissances constituent aussi l'esprit politique. — Il n'y a pas de progrès possible en quoi que ce soit, si l'on n'a la connaissance des traditions, de ce qui a été conçu, tenté, fait sur les mêmes points, dans les mêmes conditions. — Loin d'entraver le progrès, la connaissance du passé l'assure en le guidant. — Aussi est-ce avec une véritable peine que j'ai vu pendant ces huit dernières années presque partout, entassées, oubliées, sans ordre, reléguées comme un embarras — les archives de nos ministères, — où la gloire et toute la science de l'administration nationale restent enfouies et ignorées. — Ce n'était pas pour de tels dédains que leurs fondateurs avaient créé ces dépôts de papiers. — Saint-Simon ne nous dit-il pas que M. de Croissy y fouillait à pleines mains.

Eh bien! Monsieur, si toutes ces connaissances doivent aider à faire naître, à développer l'esprit politique, n'était-ce pas encore, pour un gouvernement qui en avait besoin, une faute grave de les négliger, et de les négliger surtout dans les parties qui intéressent le plus essentiellement l'Etat, dans l'administration elle-même? — Or le tort, le malheur de l'ancien ordre de choses, à part quelques hommes éminents et un certain nombre d'esprits distingués, c'est l'incapacité, l'ignorance notoire d'un nombre considérable d'agents de l'administration, en administration même.

Il faut donc rendre ici au Gouvernement provisoire ce qui est au Gouvernement provisoire. — Je crois que nous lui devons cette justice de dire qu'il avait senti ce défaut du gouvernement auquel il succédait, et qu'il tentait d'y remédier en instituant l'école d'administration. Mais son projet n'avait pas eu le temps de mûrir. Néanmoins il mérite fortement, selon moi, qu'on y revienne par deux raisons : la première, c'est que si par certaines combinaisons on rendait obligatoires pour le moindre employé de l'administration centrale ou ses détachés les connaissances enseignées dans cette école, si l'administration n'admettait plus qui que ce fût dans son sein qu'après un concours basé d'abord sur des connaissances générales embrassant l'ensemble des rouages de la société politique tout entière, puis sur des sciences plus particulières au département de l'État vers lequel on se porterait spécialement ; —d'un côté, l'administration serait plus éclairée, plus forte, et l'autorité y gagnerait en considération comme en lumières et en activité. — Or, une administration forte, éclairée, est aujourd'hui d'autant plus indispensable que les ministres peuvent changer souvent, et que l'Assemblée nationale n'est plus réglée, modérée comme autrefois par une chambre composée de membres inamovibles et conservant ainsi la tradition des affaires, et que par conséquent dans l'administration doit demeurer par le fait la direction continue des affaires. Dans ces données non-seulement l'autorité pourrait et saurait prendre sur bien des points l'initiative pour servir le pays, tandis que dans l'état où elle était encore en 1847, l'esprit public avait toute peine même à l'entraîner à la remorque. — Mais encore par le grand nombre d'hommes qui, dans l'espérance d'obtenir plus tard un emploi, se prépareraient à cette école, l'esprit politique dans ce qu'il a de grand, d'élevé, comme dans ce qu'il a de pratique, se propagerait grandement parmi les diverses classes de la société.

— Vous voyez, Monsieur, que la République démocratique a eu là une idée dont la monarchie constitutionnelle eût bien dû lui enlever l'honneur. — Je n'appuie pas davantage sur cette idée, car ce serait vous rappeler quel choix vous avez fait souvent vous-même d'agents indignes et incapables. Je me bornerai seulement à vous dire que peut-être eût-ce été une digue contre l'administration même, et je n'en appellerais pas aujourd'hui contre vous au pays pour savoir si la révolution a été un désastre et n'a été qu'un désastre.

Cela ne serait que trop vrai, toutefois, si votre troisième digue était d'un intérêt aussi pressant que vous la faites. — L'esprit de famille, Monsieur, existe encore grâces à Dieu, et celui-là, je crois, sera impérissable, car il a sa source dans la tendresse, dans le dévouement, dans la grâce de nos mères, de nos sœurs, de nos femmes ; — et si cet esprit se relâche quelque peu par la mauvaise éducation, il se retrempera vraisemblablement dans l'esprit religieux. — Votre éloignement de France, Monsieur, vous a fait attacher trop d'importance aux théories qui détruisent et la famille et la propriété ; — ces théories n'ont pas chez nous la puissance que vous croyez. — Aussi eussé-je préféré de beaucoup, aux pages que vous y consacrez à nous démontrer la nécessité de la digue de la famille, que vous nous eussiez plutôt indiqué le moindre des canaux que, selon vous, réclame la démocratie.

Nous n'en avons jusqu'ici pour nous trouvé qu'un, je crois. — Il est connu, il est vrai, mais vos digues qui sont connues, n'en sont pas moins bonnes, et vous nous avez montré le premier qu'il était important de se souvenir. — Ce canal donc, ce serait celui de la colonisation par masses successives et périodiques, qui, semblable pour l'industrie, la civilisation, à ce qu'était le « Printemps Gaulois », peut rendre de véritables services. — Ce qui est la plaie de nos grandes villes, c'est qu'elles attirent à elles dans l'espérance de faire fortune un excès de population qui se nuit à lui-même et nuit aux autres par la concurrence fatale de la misère qui accepte du travail à tout prix. — Or, il y a ici un excédant de bras, mais ailleurs il n'y en a point assez. — Aux Antilles, par exemple, la monarchie de Louis XV arrêtant la colonisation par le système des engagés, afin de vendre ses nègres, a en même temps arrêté l'essor de nos colonies et mis les blancs à la disposition des nègres, comme on l'a vu à Saint-Domingue, selon la prédiction de Girolamo Benzoni.

Aujourd'hui il serait nécessaire, pour sauver la race blanche et la civilisation avec elle, pour porter en même temps une activité qui disparaît tous les jours dans ces malheureuses contrées, de diriger l'émigrations de ces côtés. — La colonisation, semblable à celle qui s'est faite pour l'Algérie dernièrement, serait indispensable pour elles, et la France en retirerait une véritable utilité, si l'on vient à percer l'un des isthmes américains, ces colonies étant, comme le dit un de nos vieux écrivains, les faubourgs de l'Inde. — La colonisation, selon moi, est une partie essentielle de l'état des choses, et quand des milliers de Français quittent leur pays pour aller ailleurs trouver de quoi vivre, il serait à désirer que la France tirât parti par elle-même de ces émigrations volontaires en y aidant. — L'émigration française de 1848 sur les côtes africaines sera dans l'histoire de ce continent une de ses époques les plus mémorables. Et si l'Assemblée consacrait chaque année un fonds à étendre, à fortifier la France extérieure, si intéressante et toujours si sacrifiée, ce serait là aussi une de ses plus belles et plus grandes pensées.

Il serait inutile, Monsieur, de rechercher tous les actes de la République démocratique qui, pendant cette période d'une année montrent que les principes conservateurs de la société ont été respectés, que des germes nouveaux qui doivent fructifier ont été apportés par elle.

Cela m'entraînerait d'ailleurs trop loin. — Je ne veux pas non plus voir ce qu'elle se propose de faire. — Laissez-moi cependant encore vous parler d'une amélioration qu'elle médite, et vous comprendrez d'autant mieux ses desseins que c'est le développement d'une pensée qui vous a fait honneur.

La République démocratique a reconnu la mauvaise direction de l'instruction supérieure, même de l'instruction primaire vers la littérature trop exclusivement, — instruction qui détourne tant de bras d'occupations, tant d'esprits d'études dans lesquelles, plus heureux, ils ne seraient pas continuellement pour la société une occasion de désordres, d'agitations, d'inquiétudes. — Elle sent le besoin d'une instruction professionnelle et pour ainsi dire hiérarchique. — Nous comprenons qu'il faut que tout enfant du peuple ait son métier, et qu'il ne soit pas réduit à mendier ou à voler; nous comprenons qu'il a droit à l'éducation, afin qu'il soit vraiment homme, vraiment citoyen, — qu'il en comprenne les devoirs et les remplisse. — On a osé dire, il est vrai, au rapport de quelques hommes de parti, que l'instruction des masses était un danger pour la société, parce qu'elle soulevait les ambitions. — De telles paroles, selon moi, ne sont pas seulement une erreur, — elles seraient un crime dont on serait bientôt puni. Je n'y crois donc pas. — Si l'instruction des classes inférieures est un danger, c'est que d'abord elle n'est pas bien dirigée, dites plus, qu'elle est encore trop restreinte. — Quand l'instruction sera générale, nul ne cherchera comme aujourd'hui à s'en prévaloir pour son ambition. — Et il s'en servira pour son bonheur, pour le bonheur de tous. — Ainsi que le suffrage universel a tué la corruption électorale, suite des prétentions d'un nombre trop restreint d'électeurs, l'instruction générale, en ne permettant pas de se faire un titre d'une instruction assez médiocre, mettra fin aux secousses volcaniques et périodiques des ambitions d'en bas. — Alors l'instruction sera une digue aux dangers de la démocratie, et cette digue que vous pouviez établir, ce sera la République démocratique qui l'aura élevée.

Vous voyez donc bien, Monsieur, que la République démocratique n'aura pas été aussi mauvaise que vous tentez de vous le persuader.

Je ne pousserai pas plus loin. — Ce peu de mots, que j'ai dits à la hâte, peut servir à nous faire augurer favorablement de l'avenir, à nous le représenter sous des couleurs moins sombres que vous ne nous le représentez. — Un excès de confiance d'après ces paroles, je l'avoue, serait imprudent. Mais j'ai voulu établir par vos actes, Monsieur, par les nôtres, que la méfiance est également un danger. — J'ai voulu établir aussi que la France qui était sortie des misères de la Ligue, de la Fronde, de la République de 93, sortirait bien des misères moins malignes de cette époque, et que s'il lui avait fallu le temps nécessaire pour passer par les diverses phases de transformation par lesquelles nous l'avons vue passer, — il fallait accepter courageusement les misères de ce temps-ci et en espérer aussi de bonnes choses, — quoi que ce soit qui doive nous arriver encore, de quelque forme nouvelle de gouvernement même dont on nous menace.

Il n'y a donc pas lieu, que je croie, pour vous, Monsieur, ni pour le roi Louis-Philippe, de désespérer de nous. — Laissez-nous le temps, et nous viendrons à bout de toutes les difficultés qui vous semblent devoir nous accabler, et, nous étayant sur quelques-uns de vos principes, nous parviendrons à conserver votre œuvre dans ce qu'elle a de salutaire et aussi à y ajouter quelques éléments nouveaux qu'il n'était pas donné aux esprits conservateurs de créer, d'apercevoir, mais seulement de régler.

Ne désespérez pas, car tout ce que vous dites on l'a dit en d'autres temps, sur les hommes comme sur les choses, — et s'il n'est que trop vrai que vous ne vous êtes pas trompé sur certains hommes qui ont pris part au mouvement de 1848, vous conclurez aussi, en relisant le jugement porté sur l'ancienne Assemblée nationale par ses contemporains, vous serez forcé de conclure avec moi qu'on en a calomnié quelques-uns, et que, du reste, des vices de ces hommes la Providence saura encore tirer, comme elle a déjà fait, le bien de la société (1).

Ne désespérez plus, Monsieur, ni vous ni le roi Louis-Philippe, — sur le sort constitutionnel de la France, parce que nous ne ferons plus de ducs ni de comtes et que nous ne donnerons d'apanage à personne. — Recueillez-vous; — retrempez votre âme à ces sources hautes où se sont entretenues les convictions profondes, les longues espérances de l'auteur de

(1) L'auteur parle de l'époque où l'on voit reparaître une de ces assemblées nationales dont le souvenir était perdu depuis près de deux siècles. « — Quelle époque je rappelle, s'écrie-t-il, quelles idées! quelles douleurs elle réveille! Ah! qu'ils sont coupables les malheureux qui pouvant sauver la France l'ont couverte de plaies! De quelle gloire ne serait-elle pas rayonnante aujourd'hui, de quelle félicité ne jouiraient pas ses infortunés habitants si ceux qui manifestèrent la prétention de la régénérer eussent eu dans le cœur une étincelle de cet amour de la patrie, dont on ne parle jamais plus que lorsqu'on le connaît moins?

Hélas! regrets superflus! de la sentine de tous les vices, du sein d'une corruption presque universelle, que pouvait-il s'exhaler qu'un air pestiféré, propre seulement à donner la mort au corps politique? La mollesse, le luxe, l'avarice, la jalousie, la licence des mœurs, des écrits empoisonnés, des demi-lumières, l'abus des connaissances, un mépris stupide des coutumes et de la vertu de nos ancêtres, la lassitude du bien, l'amour irréfléchi, les nouveautés, avaient dégradé la plupart des Français. — Tous ceux qui étaient perdus de dettes, tous ceux qui avaient consumé leur fortune au jeu ou dans la débauche, les intrigants qui voulaient vendre leurs suffrages, les méchants qui se proposaient de trafiquer du malheur de la France, les ambitieux qui se promettaient d'arracher par ruse ou par force les dignités et les places qu'ils n'eussent jamais obtenues dans des temps paisibles, les impudiques, les adultères, les parjures, des débiteurs infidèles, des hommes flétris par les tribunaux, se mêlèrent au petit nombre de gens de bien que comptait encore la patrie, et briguèrent avec fureur la gloire d'être comme eux membres de la première assemblée nationale. Des vues puériles, ou sordides, ou criminelles, guidaient la plupart des candidats. — L'intérêt de la chose publique n'en était pas moins dans toutes les bouches, dans tous les écrits; mais combien peu l'avaient dans le cœur! Les moins coupables furent ceux qui brûlaient du désir ridicule de faire montre sur un grand théâtre du vain talent de bien dire, comme si les peuples se gouvernaient avec des discours oratoires.

Histoire de la conjuration de Maximilien Robespierre. — An IV, 1796.

l'*Histoire de la civilisation.* Rappelez-vous encore vos propres paroles que je vous ai déjà citées :

— « Ainsi du sein de la variété, de l'inimitié, de la guerre, est sortie dans l'Europe moderne l'unité nationale devenue aujourd'hui si éclatante, et qui tend à se développer, à s'épurer de jour en jour avec un éclat encore bien supérieur. »

Et ailleurs : — « Pas plus que les individus, les sociétés ne sont affranchies d'efforts et de sacrifices pour les biens dont il leur est donné de jouir. »

Et si, ne croyant plus à ce que vous avez cru hier, à ce que vous croyiez tout à l'heure, vous repoussez ces dernières paroles, écoutez avec moi religieusement ; c'est une voix qui sort de la tombe, c'est celle de Chateaubriand qui vous dit :

« Je me suis rencontré entre deux siècles comme au confluent de deux fleuves ; je me suis plongé dans leurs eaux troubles, et si je me suis éloigné avec regret du vieux rivage sur lequel j'étais né, j'ai nagé avec espérance vers la rive inconnue où allaient aborder les générations nouvelles. »

Ne désespérez donc pas de nous. Pour vous, Monsieur, si vous avez eu le malheur de tomber dans des erreurs aussi préjudiciables à tous, la nation, en se souvenant de vos services passés, établira la balance. — Croyez que, ses blessures cicatrisées, elle sera juste pour vous, autant qu'elle a été généreuse en déclarant qu'il n'y avait pas lieu de vous poursuivre. — Croyez-le aussi, si Dieu vous rappelait à cette heure à lui, vous et le roi Louis-Philippe, vous n'auriez qu'à regretter de n'avoir pas vous-même, le pouvant, présidé à ce développement de l'unité nationale, car Dieu protége la France dont il semble que ce soit la mission d'initier, à son péril, le monde entier aux grandes vérités sociales.

C'est là, du moins, ma conviction que je me suis permis d'opposer à la vôtre, parce qu'entre elles deux est la question de notre avenir.

Veuillez, Monsieur, me le pardonner, — ce sont des observations faites de bonne foi à un livre qui semble se présenter de même. —

Mais si ce mémoire justificatif n'est qu'un manifeste lancé comme celui de Cambrai au milieu des intrigues de partis qui conspirent non pour la France, mais pour eux, un manifeste par lequel la monarchie constitutionnelle avoue ses torts et promet d'être plus sage, de même que la Restauration le promettait ; — si de retour en France vous veniez pour y préparer en secret les logis de Sa Majesté et que vous puissiez faire ainsi regretter au peuple d'avoir été généreux envers ceux qu'il avait le droit de suspecter, — il n'appartient plus à un simple citoyen de vous répondre. Vous vous êtes enfui devant le courroux de la nation entière ; — c'est à la nation entière à repondre si elle veut encore de gens qui n'auront sans doute, eux aussi, ni rien oublié ni rien appris.

PIERRE MARGRY.

Ce 19 septembre 1849

SOCIÉTÉ TYPOGRAPHIQUE.
E. DESOYE, VALERY ET Ce, IMPRIMEURS, RUE DE SEINE, 32.

www.ingramcontent.com/pod-product-compliance
Ingram Content Group UK Ltd.
Pitfield, Milton Keynes, MK11 3LW, UK
UKHW021020200726
13857UKWH00004B/1505

9 782011 752987